Y싱어즈 합창곡집

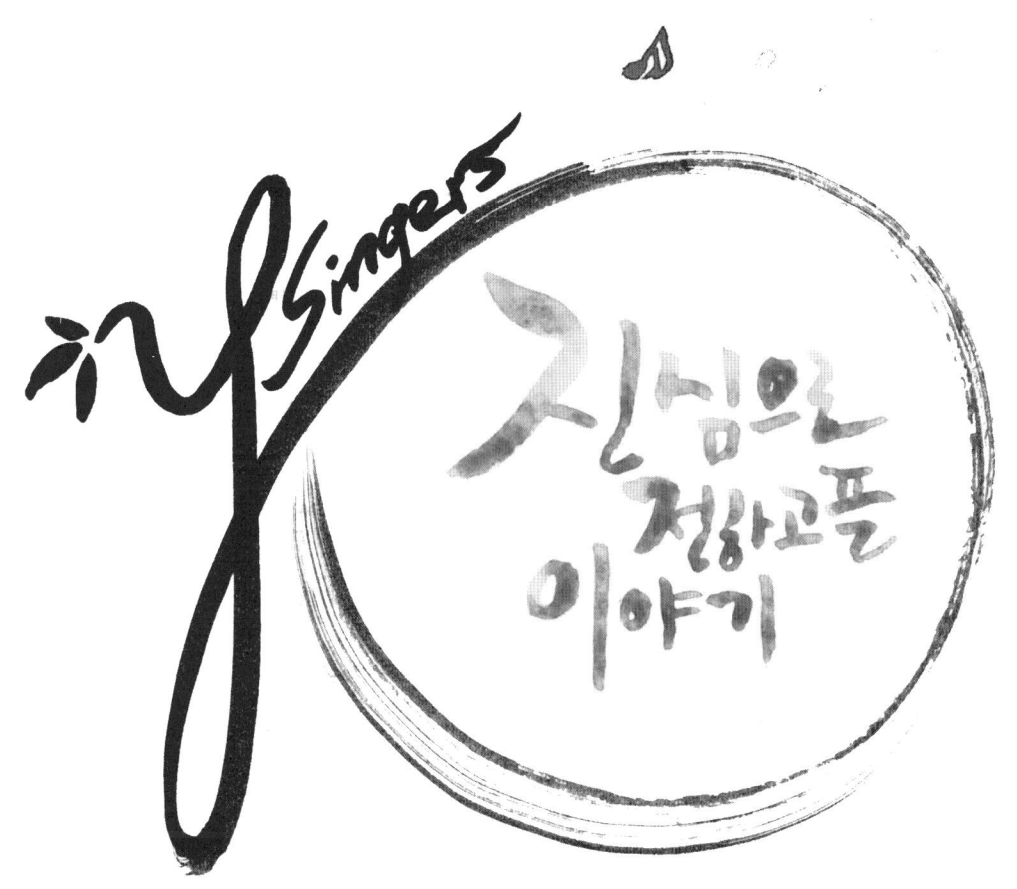

## 악보집을 펴내며

지난 10년을 영산의 예비교무들과 함께 하면서
기쁘고 즐거운 날들이 많았습니다.
출가를 결심하고 이곳, 영산에 와서 낯선 환경들과 친해지는 데에는
시간도, 서원도 필요했습니다.

무언가 절실함을 느낄 때,
정관평에서 그리고 옥녀봉에서 대각지에서,
막연한 도움을 청하고 기도했던 기억이 있습니다.
아마도, 처음 마음속에 간직한 서원이었으리라 생각됩니다.
시간이 흐르고 세월이 변해도 변하지 않는 그것…
어쩌면 여기에 담긴 노래가
모두의 진심이 되기를 바라는 마음이 있었는지 모르겠습니다.
그랬으면 좋겠습니다.

Y'singers와 함께…

이응준 합장

## 차례

악보집을 펴내며 _ 3

보이지 않는 길 <sub>이응준 작사·작곡</sub> _ 6

내가 선택한 길 <sub>장혜안 작사·원신영 작곡</sub> _ 11

우리 사는 이야기 그리고... <sub>이응준 작사·원신영&J.Offenbach 작곡</sub> _ 18

오 사은이시여 <sub>이응준 작사·American Folk Song</sub> _ 31

대산종사 찬가 <sub>이공전 작사·박찬미 작곡</sub> _ 38

희망을 찾아 떠나는 노래 <sub>이응준 작사·작곡</sub> _ 46

깨달음을 향한 그리움 <sub>이응준 작사·작곡</sub> _ 53

순간마다 공부찬스 그리고... <sub>좌산종법사 법문·원신영&L.Denza 작곡</sub> _ 62

푸른 날의 기억 <sub>이응준 작사·Joel Ostroff 작곡</sub> _ 77

세상의 빛이 되어 <sub>이응준 작사·작곡</sub> _ 84

진심으로 전하고 싶은 노래 <sub>이응준 작사·작곡</sub> _ 98

For 2-Part Voice and Piano

# 보이지 않는 길

이응준 작사
이응준 작곡

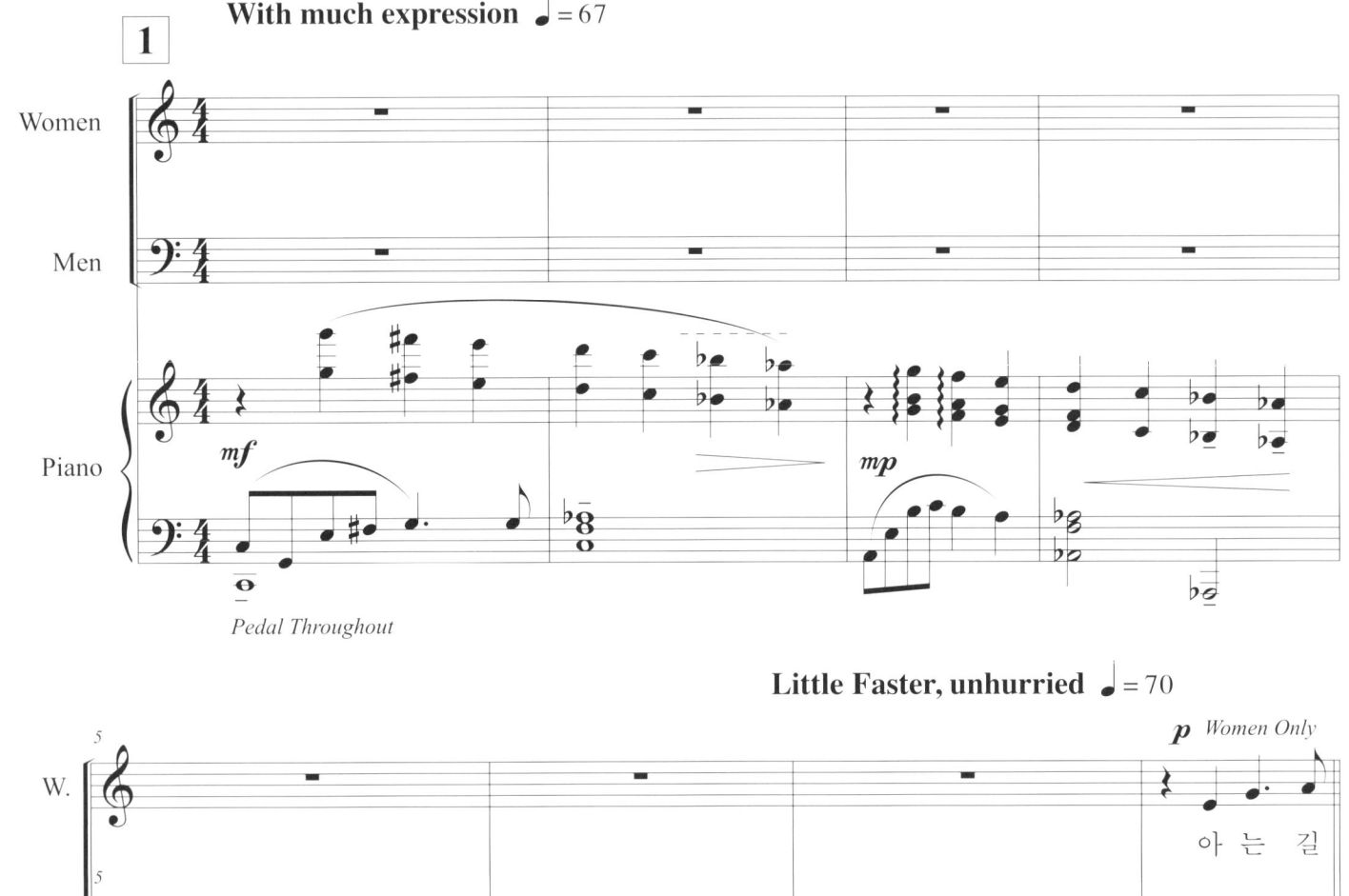

보이지 않는 길

보이지 않는 길

보이지 않는 길

For 2-Part Voice and Piano

# 내가 선택한 길

장혜안 작사
원신영 작곡

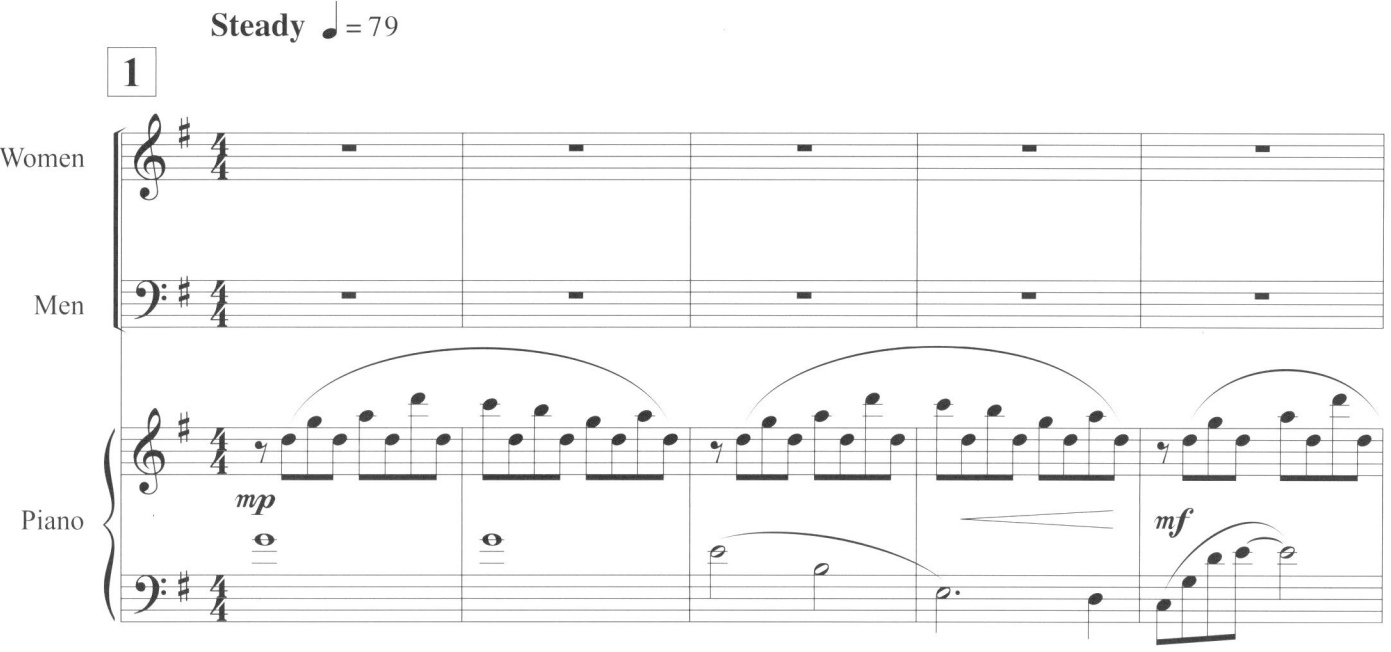

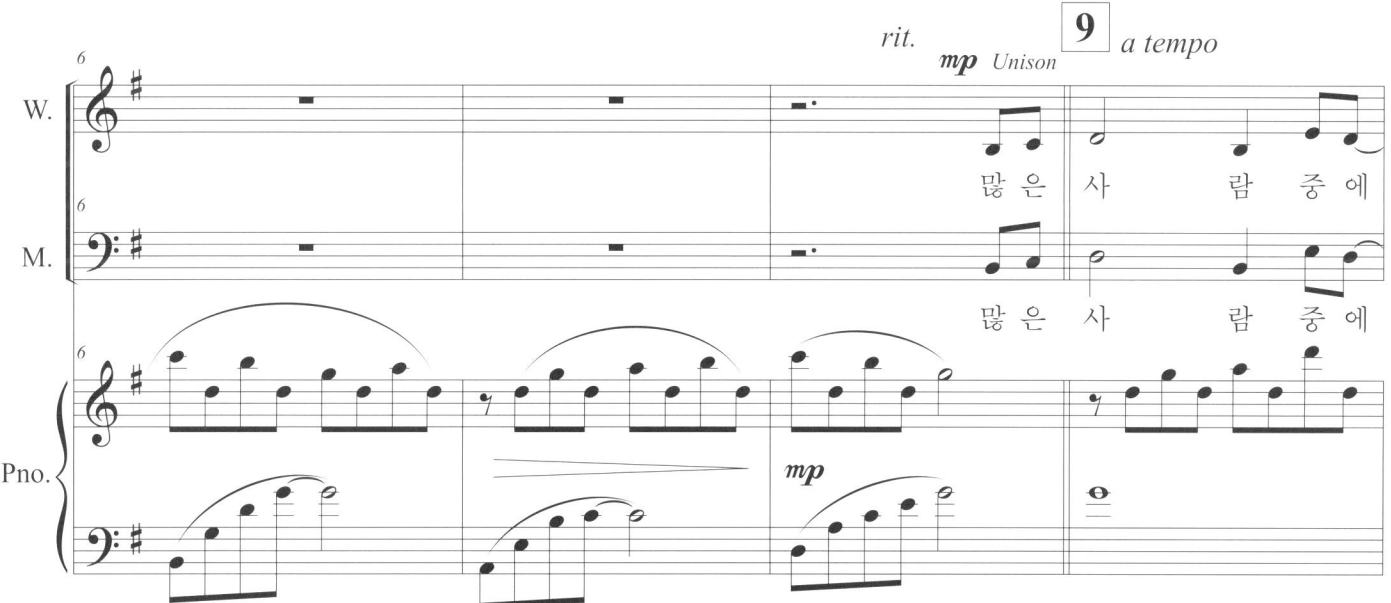

Copyright © 2018, All Rights Reserved.

# 내가 선택한 길

# 내가 선택한 길

# 내가 선택한 길

# 내가 선택한 길

내가 선택한 길

For 2-Part Voice and Piano

# 우리 사는 이야기 그리고...

이응준 작사
원신영 & J. Offenbach 작곡

우리 사는 이야기 그리고...

우리 사는 이야기 그리고...

우리 사는 이야기 그리고...

# 우리 사는 이야기 그리고...

우리 사는 이야기 그리고...

우리 사는 이야기 그리고...

우리 사는 이야기 그리고...

우리 사는 이야기 그리고...

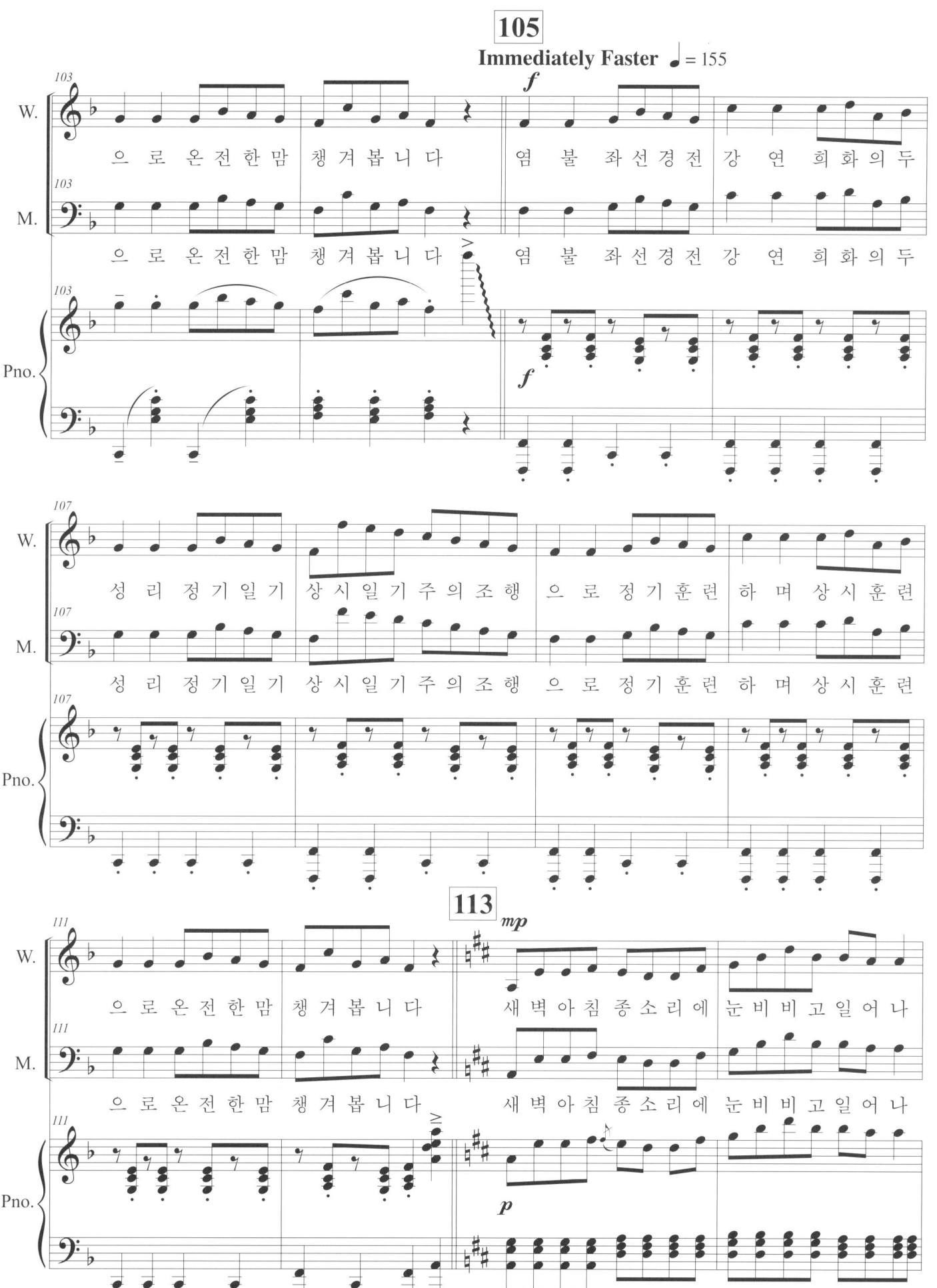

우리 사는 이야기 그리고...

우리 사는 이야기 그리고...

우리 사는 이야기 그리고...

30

# 오 사은이시여

오 사은이시여

For 2-Part Voice and Piano

# 대산종사 찬가

이 공 전 작사
박 찬 미 작곡

대산종사 찬가

For 2-Part Voice and Piano

# 희망을 찾아 떠나는 노래

이응준 작사
이응준 작곡

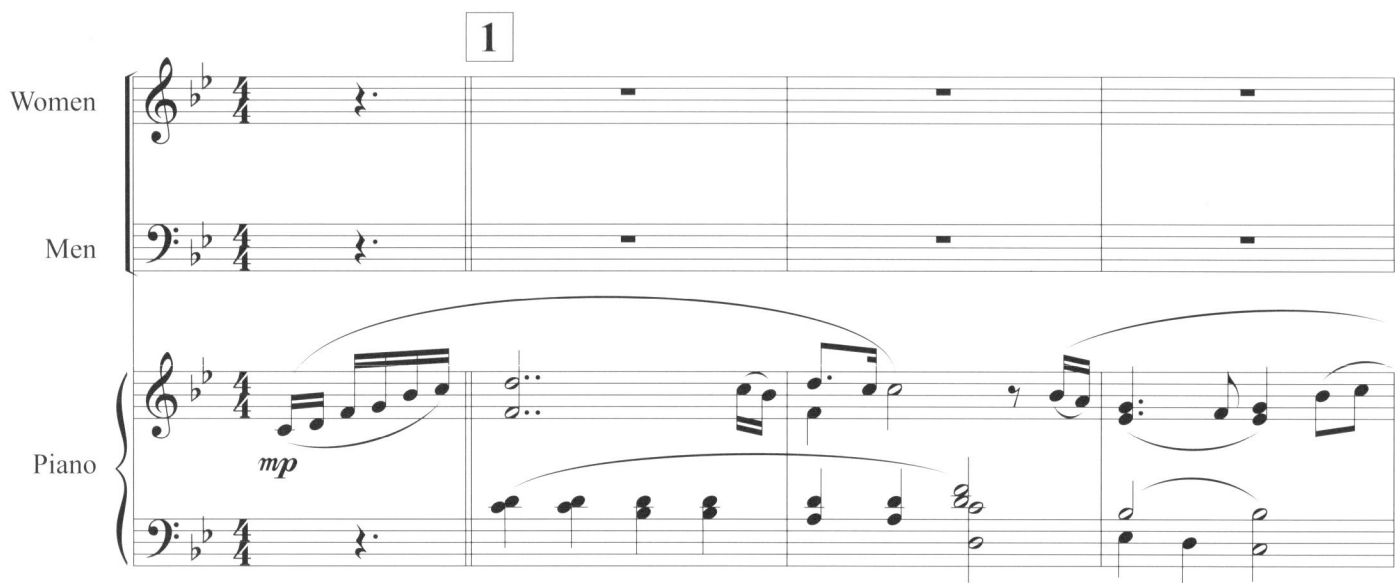

Copyright © 2018, All Rights Reserved.

희망을 찾아 떠나는 노래

## 희망을 찾아 떠나는 노래

## 희망을 찾아 떠나는 노래

## 희망을 찾아 떠나는 노래

# 희망을 찾아 떠나는 노래

희망을 찾아 떠나는 노래

For 3-Part Voice and Piano

# 깨달음을 향한 그리움

이응준 작사
이응준 작곡

# 깨달음을 향한 그리움

깨달음을 향한 그리움

# 깨달음을 향한 그리움

깨달음을 향한 그리움

깨달음을 향한 그리움

깨달음을 향한 그리움

깨달음을 향한 그리움

깨달음을 향한 그리움

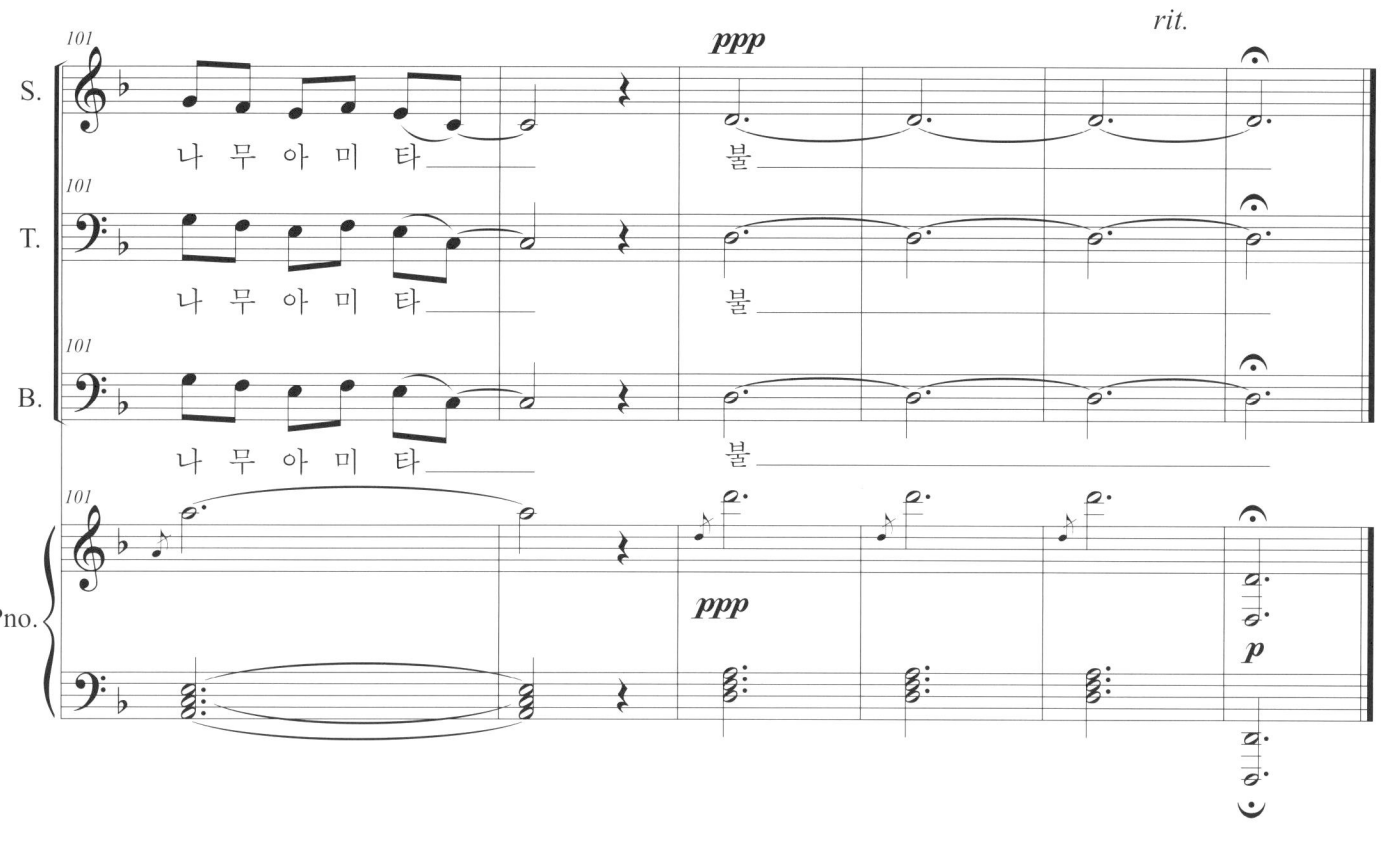

For 2-Part Voice and Piano

# 순간마다 공부찬스 그리고...

좌산종법사 법문
원 신 영 & L. Denza 작곡

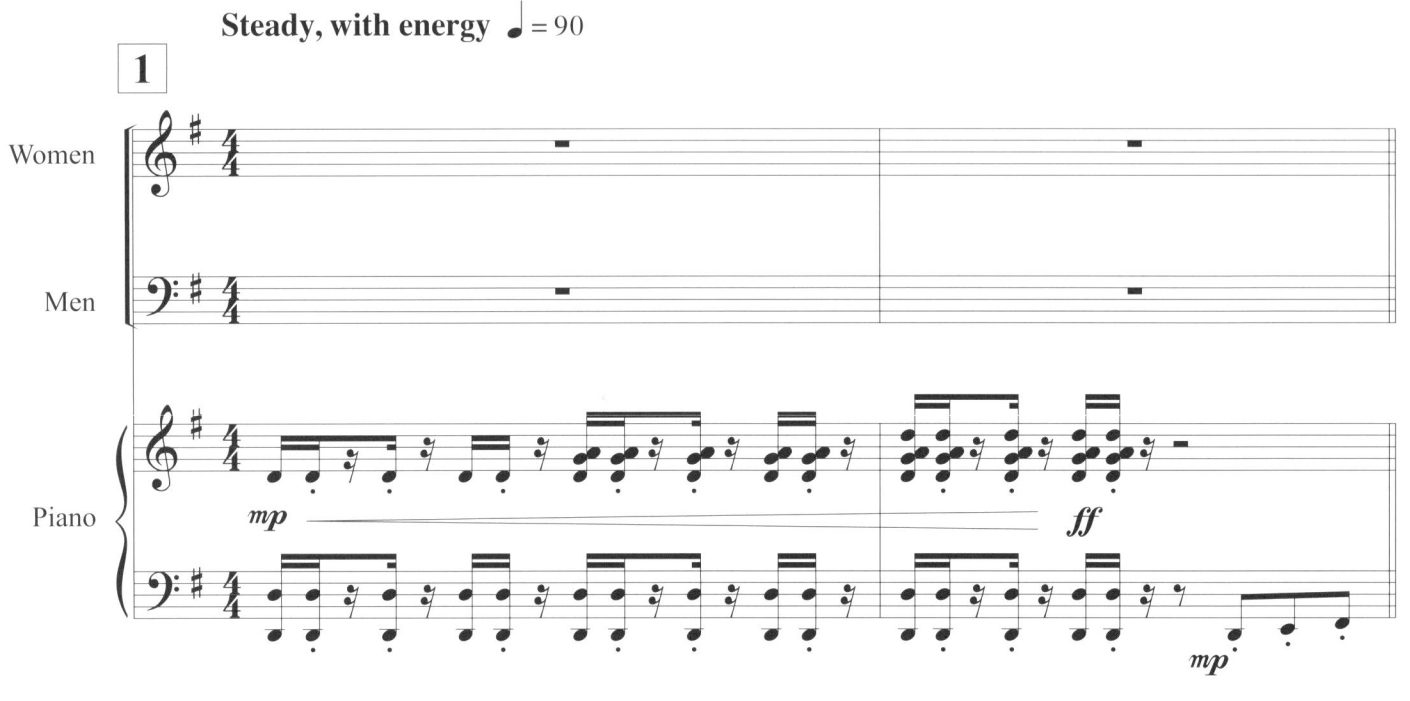

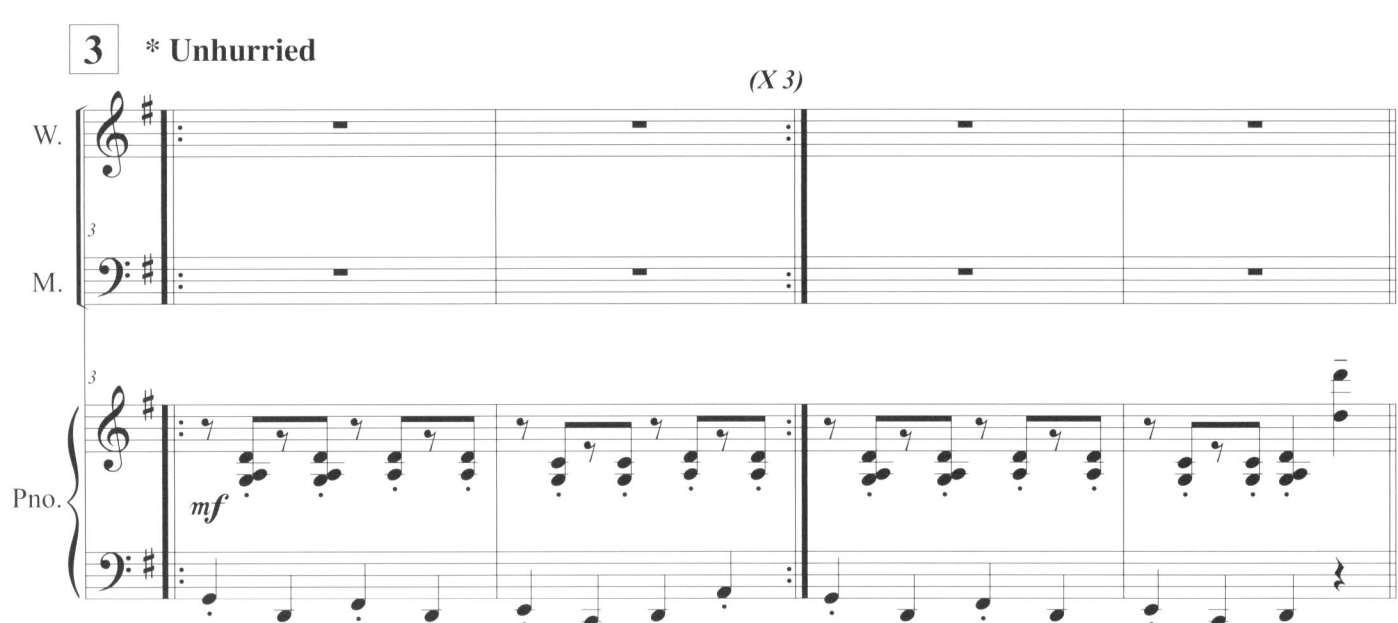

Copyright © 2018, All Rights Reserved.

순간마다 공부찬스 그리고...

# 순간마다 공부찬스 그리고...

순간마다 공부찬스 그리고...

순간마다 공부찬스 그리고...

# 순간마다 공부찬스 그리고...

# 순간마다 공부찬스 그리고...

# 순간마다 공부찬스 그리고...

## 순간마다 공부찬스 그리고...

# 순간마다 공부찬스 그리고...

# 순간마다 공부찬스 그리고...

# 순간마다 공부찬스 그리고...

순간마다 공부찬스 그리고...

순간마다 공부찬스 그리고...

순간마다 공부찬스 그리고...

For 2-Part Voice and Piano

# 푸른 날의 기억

이 응 준 작사
Joel Ostroff 작곡

# 푸른 날의 기억

# 푸른 날의 기억

# 푸른 날의 기억

# 푸른 날의 기억

# 푸른 날의 기억

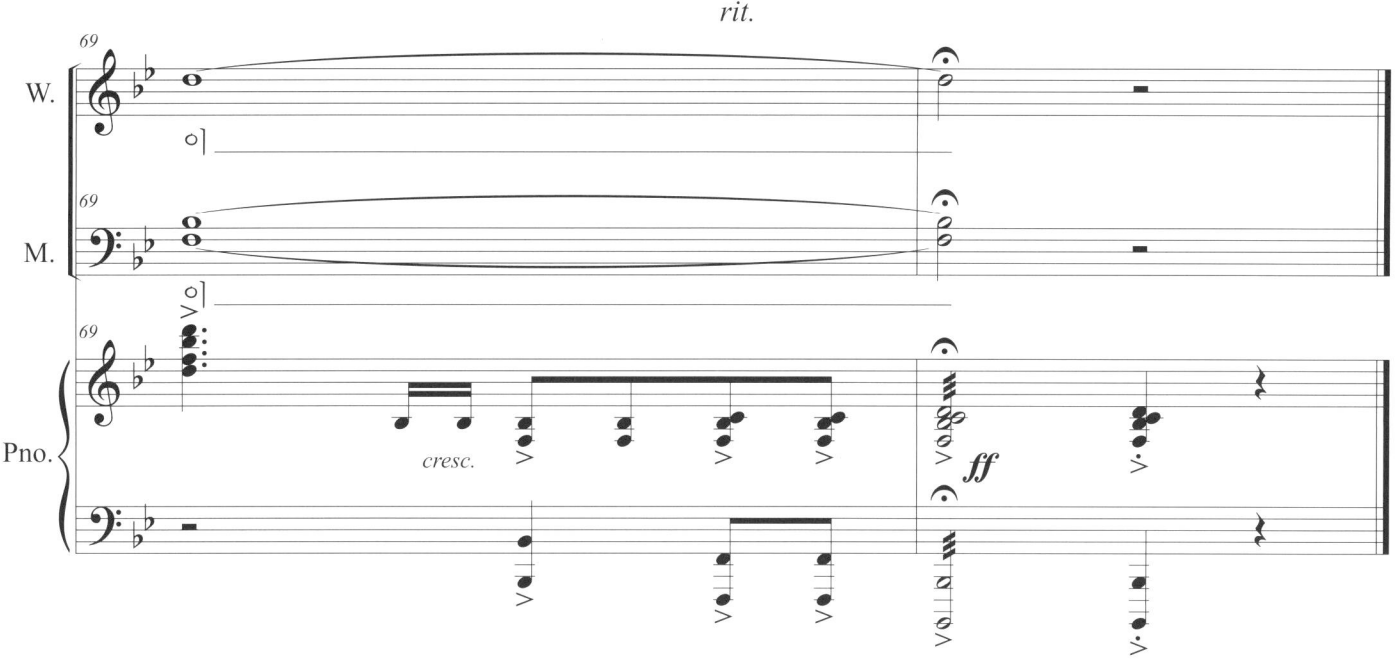

For 2-Part Voice and Piano

# 세상의 빛이 되어

이응준 작사
이응준 작곡

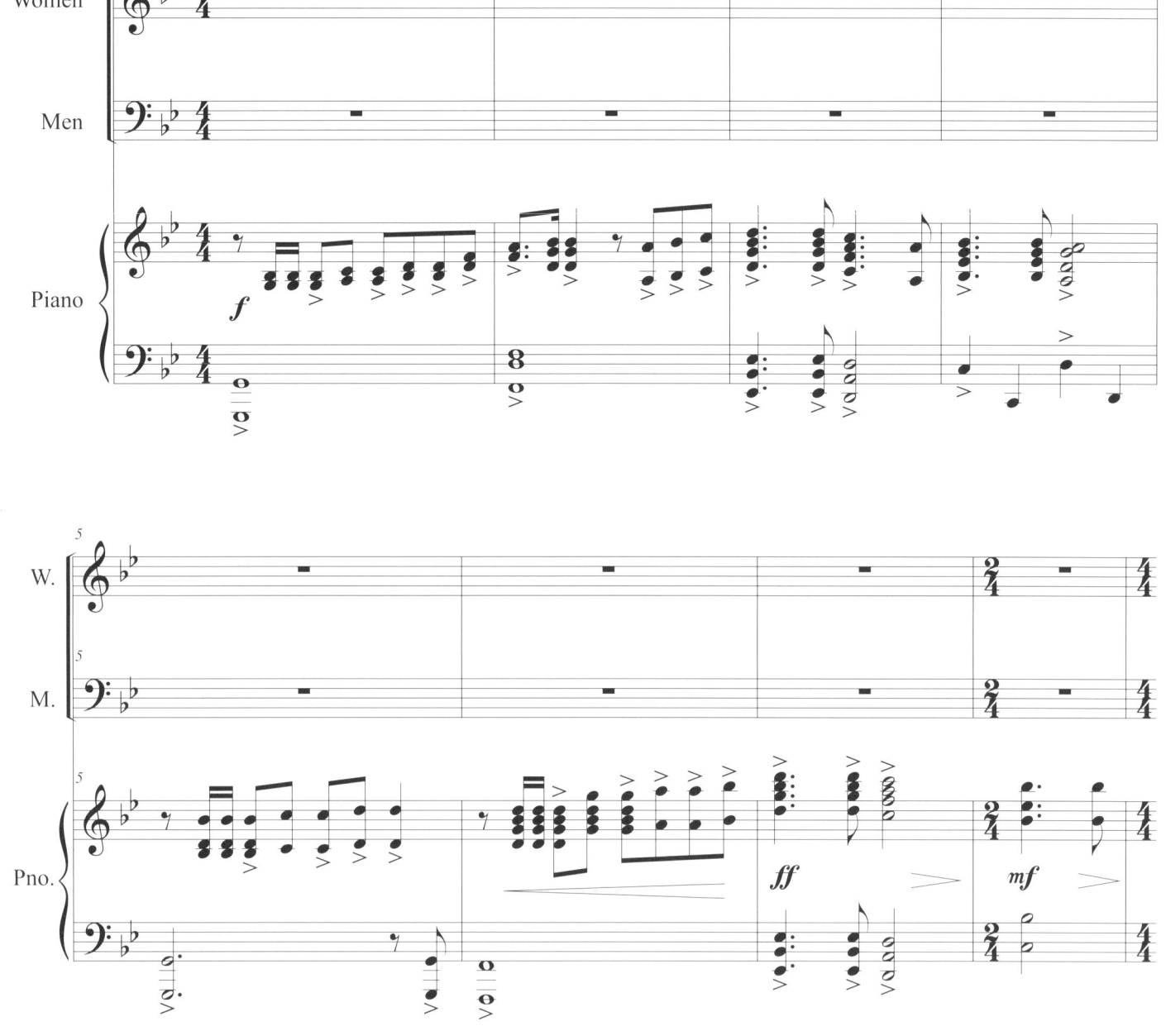

# 세상의 빛이 되어

# 세상의 빛이 되어

# 세상의 빛이 되어

# 세상의 빛이 되어

# 세상의 빛이 되어

# 세상의 빛이 되어

# 세상의 빛이 되어

# 세상의 빛이 되어

# 세상의 빛이 되어

# 세상의 빛이 되어

# 세상의 빛이 되어

# 세상의 빛이 되어

For 2-Part Voice and Piano

# 진심으로 전하고 싶은 노래

이응준 작사
이응준 작곡

### 진심으로 전하고 싶은 노래

# 진심으로 전하고 싶은 노래

## 진심으로 전하고 싶은 노래

## 진심으로 전하고 싶은 노래

# 진심으로 전하고 싶은 노래

**Y싱어즈 합창곡집**
## 진심으로 전하고픈 이야기

| | |
|---|---|
| **인쇄** | 2018년 4월 19일 초판 1쇄 인쇄 |
| **발행** | 2018년 4월 28일 초판 1쇄 발행 |
| **엮은이** | 이응준 |
| **펴낸이** | 주영삼 |
| **펴낸곳** | 원불교출판사 |
| **출판신고** | 1980년 4월 25일(제1980-000001호) |
| **주소** | 전라북도 익산시 익산대로 501 |
| **전화** | 063)854-0784 |
| **팩스** | 063)852-0784 |

www.wonbook.co.kr

값 10,000원

ISBN 978-89-8076-315-3(03200)

잘못 만들어진 책은 구입처나 본사에서 교환해 드립니다.